Marianne Moldenhauer

MIT MS IM RECHT

Chancen nutzen
Situationen bewältigen
Pläne machen

Möglichst selbstbestimmt in die Rente

BoD

1. Auflage 2018

Stand: Mai 2018

© Marianne Moldenhauer

Bibliographische Information der Deutschen Nationalbibliothek.
Die Deutsche Nationalbibliothek verzeichnet diese Publikation in der
Deutschen Nationalbibliographie;
detaillierte bibliographische Daten sind im Internet über:
http://dnb.dnb.de abrufbar.

Herstellung und Verlag:

BoD – Books on Demand, Norderstedt

Umschlaggestaltung: Marianne Moldenhauer

ISBN: 978-3-7528-7750-2

Vorbemerkungen

Die Bezeichnung weiblicher oder männlicher Personen durch die jeweils maskuline Form in dieser Broschüre bringt die verfassungsrechtlich gebotene Gleichstellung von Mann und Frau nicht angemessen zum Ausdruck. Auf die Verwendung von Doppelformen oder andere Kennzeichnungen für weibliche und männliche Personen wird jedoch ausdrücklich verzichtet, um die Lesbarkeit und Übersichtlichkeit zu wahren. Mit allen im Text verwendeten Personenbezeichnungen sind stets beide Geschlechter gemeint.

Die Autorin geht davon aus, dass die Angaben und Informationen in diesem Werk zum Zeitpunkt der Veröffentlichung vollständig und korrekt sind. Weder der Verlag noch die Autorin übernimmt, ausdrücklich oder implizit, Gewähr für den Inhalt des Werkes, etwaige Fehler oder Äußerungen.

Für den Inhalt der genannten Webseiten sind ausschließlich deren Betreiber verantwortlich.

Verbindliche Auskünfte holen Sie sich ggfs. bei einem Mitarbeiter des Rentenversicherungsträgers, einem Versicherungsberater, sog. Versichertenältesten, einem Sozialverband oder bei einem Rechtsanwalt ein.

Bitte beachten Sie, dass sich angegebene Adressen, Ruf-/Faxnummern und E-Mail-Anschriften zwischenzeitlich ändern können.

Marianne Moldenhauer, Jg. 1965, geb. in Vechta (Niedersachsen), an Multipler Sklerose (MS) erkrankt seit 1989, lebt als selbstständig tätige Rechtsanwältin in Baunatal (Hessen). Mit ihren fachlichen Publikationen zu arbeits- und sozialrechtlichen Themen bietet sie MS-Erkrankten, Angehörigen und Interessierten seit mehr als zwei Jahrzehnten praktische Lebenshilfen und zeigt Perspektiven auf. In ihren weiteren Büchern gewährt Sie zudem Einblicke in ihre Gefühlswelt und liefert Denkanstöße zum achtsamen Umgang mit der eigenen Lebensenergie hin zu einem aktiven und positiven Leben.

Ihre Broschüre **„Mit MS im Recht - Möglichst selbstbestimmt in die Rente** richtet sich an Mitglieder der gesetzlichen Rentenversicherung. Das wichtige Thema Rehabilitation wird hierin ausdrücklich nicht behandelt. Diesbezüglich ist eine eigene Publikation vorgesehen.

Verstehen Sie die Broschüre als kleinen Praxisleitfaden hin zu einem selbstverantwortlichen und angstbefreiten Handeln beim Übergang in einen neuen, regelmäßig nicht ganz einfach zu bewältigenden Lebensabschnitt.

Liebe Leserin, lieber Leser,

bei dem großen Thema Rente dürften die meisten zunächst an ihren wohlverdienten Ruhestand und an ihre Altersversorgung denken. Was den eigenen Weg zur Rente angeht, gibt es allerdings Unterschiede: Neben dem regulären Renteneintritt bei Erreichen der Regelaltersgrenze gibt es auch Möglichkeiten, vorzeitig oder später in Rente zu gehen.

Neben denjenigen, die dabei den ausdrücklichen Wunsch haben, nicht erst im regulären Renteneintrittsalter in den Ruhestand zu gelangen, gibt es diejenigen, die aufgrund von chronischer Erkrankung, Behinderung oder einem Unfallereignis nicht mehr arbeitsfähig sind.

Nicht jeder Beschäftigte, der an MS erkrankt ist, fühlt sich dadurch bei der Arbeit beeinträchtigt. Eine Erkrankung wie die MS und daraus resultierende gesundheitliche Probleme wie beispielsweise Fatigue oder kognitive Einschränkungen können aber dazu führen, dass Betroffene gar nicht so lange arbeiten können wie vorgesehen und gewollt.

Für sie gibt es vor der Altersrente unter bestimmten Voraussetzungen ebenfalls Leistungen aus der gesetzlichen Rentenversicherung.

Nachfolgend möchte ich Sie über verschiedene Möglichkeiten auf dem Weg in die Rente informieren und diesbezügliche Anspruchsvoraussetzungen erläutern sowie Tipps geben.

Überzeugen Sie sich selbst und gestalten Sie Ihren Renteneintritt möglichst passgenau!

Eine erkenntnisreiche Lektüre wünscht Ihnen

Ihre

Gliederung

Diagnose: Multiple Sklerose (MS)

Multiple Sklerose ist eine chronisch-entzündliche Erkrankung des zentralen Nervensystems (Gehirn und Rückenmark oder am Sehnerv als Teil des Gehirns), von der in Deutschland vermutlich mehr als 200.000 Menschen betroffen sind. Das häufigste Erkrankungsalter liegt zwischen dem 20. und dem 40. Lebensjahr; zwei Drittel der MS-Erkrankten sind Frauen.

Gesunde Nervenbahnen sind – einem Kabel vergleichbar – von einer Isolierschicht umhüllt und geschützt, die als Myelin bezeichnet wird. Bei dieser sog. Myelinschicht (auch Mark- oder Nervenscheide genannt) handelt es sich um eine Schicht aus Fett und Eiweiß.

Bei der MS wird diese Schicht aufgrund einer Fehlreaktion des Immunsystems angegriffen oder zerstört, so dass die einzelnen Nervensignale nur noch verlangsamt bzw. überhaupt nicht mehr weitergegeben werden können. Auch ganze Nervenbahnen können davon betroffen sein. Man spricht hierbei von einer sog. Demyelinisation (= Entmarkung) der Axonen (= Nervenfasern), die an ganz unterschiedlichen („multiplen") Stellen auftreten kann und zur Entstehung einer verhärteten (sklero [griech.] = hart), narbenartigen Gewebeschicht führt. Dieses Gewebe ist nicht mehr imstande, die elektrischen Nervensignale weiterzuleiten.

Da die Vernarbungen bei jedem Erkrankten anders auftreten, sind auch die Beschwerdebilder ganz unterschiedlich („1.000 Gesichter der MS", „MS – das Chamäleon der neurologischen Erkrankungen"). Sie äußern sich z. B. in Seh-, Sprach-, Bewegungs-, Gleichgewichts- und Koordinationsstörungen, Blasen- und Darmstörungen, extremer Müdigkeit und Energielosigkeit, Taubheitsgefühlen, spastischer Versteifung und Lähmung sowie auch kognitiven Störungen.

Bei der MS geht man von drei grundsätzlich zu unterscheidenden Krankheitsverläufen aus: Bei einer schubförmigen MS (Erscheinungshäufigkeit ca. 40 %) treten ein oder mehrere neurologische Symptome nur kurzzeitig auf, d. h. sie klingen bereits nach wenigen Tagen wieder (fast) vollständig ab. Bei einem sekundär-fortschreitenden Krankheitsverlauf (Erscheinungshäufigkeit ebenfalls ca. 40 %) entwickelt ein Großteil der Patienten mit einer schubförmigen MS in einem Zeitraum von zehn bis 15 Jahren kontinuierlich zunehmende Beeinträchtigungen. Im Unterschied dazu ist die primär fortschreitende Verlaufsform, bei der sich die auftretenden neurologischen Symptome nicht mehr zurückbilden, eher selten. Es treten auch Mischformen dieser Grundformen der Erkrankung auf.

Einführung

Die gesetzliche Rentenversicherung gehört neben der gesetzlichen Kranken-, Pflege-, Unfall- und der Arbeitslosenversicherung zur gesetzlichen Sozialversicherung. Sie wird in die allgemeine und die knappschaftliche Rentenversicherung unterteilt. Zuständig sind die Regionalträger der Deutschen

Rentenversicherung, die Deutsche Rentenversicherung Bund und die Deutsche Rentenversicherung Knappschaft-Bahn-See. Die Rechtsgrundlage bildet das Sechste Buch Sozialgesetzbuch – Gesetzliche Rentenversicherung – (SGB VI). Für die Alterssicherung der Landwirte ist die sog. Sozialversicherung für Landwirtschaft, Forsten und Gartenbau zuständig, die bei der Durchführung der Aufgaben nach dem Gesetz über die Alterssicherung der Landwirte (ALG) in Verbindung mit dem Gesetz zur Neuordnung der Organisation der landwirtschaftlichen Sozialversicherung (LSV-NOG) die Bezeichnung „Landwirtschaftliche Alterskasse" führt.

Die gesetzliche Rentenversicherung schützt ihre Versicherten im Alter und bei Gefährdung oder Minderung der Erwerbsfähigkeit sowie bei Tod deren Hinterbliebene und unterscheidet demgemäß drei Arten von Renten:

- Renten **wegen Alters,**

- Renten **wegen Erwerbsminderung,**

- Renten **wegen Todes.**

Die Leistungen werden durch Beiträge und Bundesmittel finanziert, da die Beiträge allein zur Deckung der Ausgaben nicht ausreichen. Der Bundeszuschuss in der Rentenversicherung deckt im Wesentlichen die Leistungsbestandteile ab, die auf Zeiten beruhen, für die Versicherte keine Beiträge entrichtet haben.

Berechnungsgrundlage für Arbeitnehmer ist der Bruttoverdienst bis zur Beitragsbemessungsgrenze (2018: in den alten Bundesländern: 6.500 €, in den neuen Bundesländern: 5.800 €, in der knappschaftlichen Rentenversicherung: 7.150 €). Bei einem höheren Einkommen ist der übersteigende Teil des Verdiensts somit beitragsfrei.

Die nachfolgende Darstellung beschränkt sich auf die Leistungen von:

➢ **Renten wegen Alters**

und

➢ **Erwerbsminderung.**

A. Wege in die Altersrente

Wenn Sie in diesem Jahr (2018) Ihr Arbeitsleben beenden wollen und der gesetzlichen Rentenversicherung angehören, können Sie mittlerweile zwischen verschiedenen Alternativen in die Altersrente wählen und Ihren **Renteneintrittszeitpunkt** damit quasi selbst bestimmen:

- Haben Sie die erforderliche Altersgrenze noch nicht erreicht, können Sie ggf. mit Abschlägen in Rente gehen.

- Außerdem gibt es die Option auf einen flexiblen Ausstieg.

Als Versicherter leiten Sie das Verfahren durch den **Rentenantrag** ein. Das bedeutet: Sie müssen dem Versicherungsträger gegenüber eine Willenserklärung abgeben, mit der Sie zum Ausdruck bringen, dass der Versicherungsträger einen Leistungsanspruch prüfen und bewilligen soll.

I. Regelaltersrente, §§ 235, 35 SGB VI

Gesetzliche Altersgrenze

Regelaltersrente, also die ganz normale Altersrente, kann mit dem Erreichen einer bestimmten Altersgrenze bezogen werden. Die gesetzliche **Altersgrenze wird** seit einigen Jahren für jeden neuen Jahrgang **stufenweise angehoben**, bis im Jahr 2031 für den Jahrgang 1964 das „neue" Rentenalter – **die „echte" Rente mit 67 Jahren** – erreicht ist.

Grund dafür ist die demografische Entwicklung des Lebensalters in Deutschland.

Das „Gesetz zur Anpassung der Regelaltersgrenze an die demografische Entwicklung und zur Stärkung der Finanzierungsgrundlagen" (kurz: „Altersgrenzenanpassungsgesetz") ist bereits zum 01.01.2012 in Kraft getreten.

Wenn Sie keine Sonderregelungen nutzen (können), müssen Sie in diesem Jahr (2018) arbeiten, bis Sie 65 Jahre und 7 Monate alt sind (Jahrgang 1953, *s. hierzu Tabelle 1 nachfolgend und Fallbeispiel, S. 10*), um die **volle gesetzliche Rente** zu erhalten.

Weitere Voraussetzung

ist die Erfüllung der sog. **allgemeinen Wartezeit.** <u>Das bedeutet</u>: Sie haben mindestens **5 Jahre** (60 Monate) lang **Beiträge in die gesetzliche Rentenversicherung** eingezahlt. Das ist die geringste Wartezeit!

Auf die allgemeine Wartezeit werden folgende Zeiten angerechnet:

- Kalendermonate mit Beitragszeiten
- Kalendermonate mit Ersatzzeiten*

- Zeiten aus einem durchgeführten Versorgungsausgleich
- Zeiten aus einem Rentensplitting unter Ehegatten oder Lebenspartnern
- Zeiten aus Zuschlägen an Entgeltpunkten für Arbeitsentgelt aus geringfügiger versicherungsfreier Beschäftigung.

*Da sich die Ersatzzeiten hauptsächlich auf Zeiten des 2. Weltkrieges beziehen, haben diese Ersatzzeiten kein großes Gewicht mehr. **Wenn in Ihrem Konto allerdings die Zeit einer politischen Haft in der DDR noch nicht gespeichert ist, wenden Sie sich bitte an Ihren Rentenversicherungsträger.***

Wird der letzte zur Erfüllung der Wartezeit erforderliche Beitrag nach Erreichen der Regelaltersgrenze gezahlt, liegen die Anspruchsvoraussetzungen erst in dem Monat vor, für den der Beitrag gezahlt wird.

Tabelle 1: reguläre Altersgrenze

Jahrgang	Alter	Renteneintritt
1953	65 Jahre + 7 Monate	2018
1954	65 Jahre + 8 Monate	2019
1955	65 Jahre + 9 Monate	2020
1956	65 Jahre + 10 Monate	2021
1957	65 Jahre + 11 Monate	2022
1958	66 Jahre	2024
1959	66 Jahre + 2 Monate	2025
1960	66 Jahre + 4 Monate	2026
1961	66 Jahre + 6 Monate	2027
1962	66 Jahre + 8 Monate	2028
1963	66 Jahre + 10 Monate	2029
ab 1964	67 Jahre	2031

BEISPIEL:

Sie feiern am 03.07.2018 Ihren 65. Geburtstag.

Die Regelaltersrente erhalten Sie dann erst ab dem 01.03.2019, s. Tabelle: Jahrgang 1953: 65 Jahre + 7 Monate.

BESONDERHEIT: Altersrente für schwerbehinderte Menschen, §§ 236a,
37 SGB VI

Oftmals lässt die gesundheitliche Situation eine Beschäftigung bis zur Regelaltersgrenze von 67 Jahren jedoch gar nicht zu, deshalb können **schwerbehinderte Menschen** bereits vorher, d. h. **wenn sie die jeweilige Altersgrenze
für ihren Geburtsjahrgang erreicht haben** und die **Hinzuverdienstgrenze
nicht überschreiten, <u>ohne</u> Abschlag in Rente** gehen.

- Die **Schwerbehinderung** *(= Grad der Behinderung von mindestens 50,
  siehe hierzu § 2 Abs. 2 SGB IX)* muss bei Beginn der Rente vorliegen**

und

- die **Wartezeit** (= Mindestversicherungszeit) **von 35 Jahren** (= 420 Monaten) erfüllt sein.

*** Der Rentenversicherungsträger legt hierbei die Feststellungen des Versorgungs-
amtes oder die der nach Landesrecht zuständigen Versorgungsverwaltungen zu
Grunde, ohne jene selbst zu prüfen.* ***Entscheidend für die Erfüllung dieser An-
spruchsvoraussetzung ist allein der Zeitpunkt, zu dem die Schwerbehinderung tatsächlich vorliegt.*** *Ohne Bedeutung ist hier das Datum des Anerkennungsbeschei-
des.*

Tabelle 2: für schwerbehinderte Menschen

Jahrgang	Alter	Renteneintritt
1955	63 Jahre + 9 Monate	2018
1956	63 Jahre + 10 Monate	2019
1957	63 Jahre + 11 Monate	2020
1958	64 Jahre	2022
1959	64 Jahre + 2 Monate	2023
1960	64 Jahre + 4 Monate	2024
1961	64 Jahre + 6 Monate	2025
1962	64 Jahre + 8 Monate	2026
1963	64 Jahre + 10 Monate	2027
ab 1964	65 Jahre	2029

Die Mindestaltersgrenze für die Altersrente für schwerbehinderte Menschen
wurde für Versicherte ab dem Geburtsjahrgang 1952 stufenweise von 60

auf 62 Jahre angehoben und ist somit für jeden Geburtsjahrgang individuell.

II. früher in Rente ohne Abschläge mit der Altersrente für <u>besonders</u> langjährig Versicherte, §§ 236b, 38 SGB VI

Die **Altersrente für <u>besonders</u> langjährig Versicherte** wurde bereits zum 01.01.2012 eingeführt. Beginnend mit dem Jahrgang 1953 wurde die Altersgrenze von 63 Jahren als persönliche Voraussetzung stufenweise auf 65 Jahre heraufgesetzt (s. nachfolgende Tabelle 3).

Wenn Sie die Wartezeit von **45 Jahren** (= 540 Kalendermonate) erfüllen, können Sie bei Nichtüberschreiten der Hinzuverdienstgrenze die Rente ohne Abschläge bekommen.

HINWEIS: Die Altersrente für besonders langjährig Versicherte **kann nicht vorzeitig in Anspruch genommen werden** – auch nicht mit Abschlägen.

Tabelle 3

Versicherte Geburtsjahr	Anhebung um Monate	auf Alter	
		Jahr	Monat
1953	2	63	2
1954	4	63	4
1955	6	63	6
1956	8	63	8
1957	10	63	10
1958	12	64	0
1959	14	64	2
1960	16	64	4
1961	18	64	6
1962	20	64	8
1963	22	64	10

Wer vor 1953 geboren wurde, konnte die Altersrente abschlagsfrei ab 63 erhalten.

Für alle Jahrgänge ab 1964 ist der Eintritt auf 65 Jahre festgelegt.

Auf die **45 Jahre Wartezeit** (= Mindestversicherungszeit) werden angerechnet:

- Pflichtbeiträge für eine versicherte Beschäftigung oder Tätigkeit, Zeiten mit Minijobs ohne eigene Beitragsaufstockung allerdings nur anteilig,

- Pflichtbeiträge für Kindererziehung, nicht erwerbsmäßige Pflege, Wehr- und Zivildienstpflicht,

- Ersatzzeiten (s. hierzu S. 8 f.),

- Berücksichtigungszeiten für die Erziehung eines Kindes bis zum 10. Geburtstag (wer mehrere Kinder hat, bei dem zählt zumeist der Zeitraum bis das jüngste Kind 10 Jahre alt ist) oder für nicht erwerbsmäßige Pflege von Januar 1992 bis März 1995,

  - Zeiten des Bezugs von Übergangsgeld, Leistungen bei Krankheit (vor allem Kranken- oder Verletztengeld) oder sog. Entgeltersatzleistungen der Arbeitsförderung (zB Arbeitslosengeld), die gleichzeitig Pflichtbeitrags- oder Anrechnungszeiten sind; **EINEN HAKEN GIBT ES ALLERDINGS:** Sollten Sie die Leistungen der Arbeitsförderung in den letzten zwei Jahren vor Rentenbeginn bekommen haben, wird diese Zeit nur berücksichtigt, wenn die Leistung durch eine Insolvenz oder vollständige Geschäftsaufgabe des Arbeitgebers bedingt war (Urteile des Bundessozialgerichts vom 17.08.2017, Az. B 5 R 8/16 R und B 5 R 16/16 R). Verfassungsrechtliche Bedenken lies das Bundessozialgericht nicht durchgreifen. Ein Tätigwerden des Gesetzgebers bleibt abzuwarten.

- freiwillige Beiträge, wenn insgesamt 18 Jahre Pflichtbeiträge gezahlt wurden; **das gilt jedoch nicht**, wenn Sie die freiwilligen Beiträge in den letzten zwei Jahren vor Rentenbeginn gezahlt haben und gleichzeitig eine Anrechnungszeit wegen Arbeitslosigkeit vorliegt.

Dagegen werden auf die 45 Jahre Versicherungszeit **nicht** angerechnet:

- Zeiten des Bezugs von Arbeitslosenhilfe oder Arbeitslosengeld II,

- Zeiten

  o aus einem Versorgungsausgleich sowie

  o aus einem Rentensplitting unter Ehegatten oder

  o eingetragenen Lebenspartnern,

- Anrechnungszeiten ohne Bezug von Entgeltersatzleistungen (zB während der Ausbildungssuche oder eines Schul-, Fachschul- oder Hochschulbesuchs).

III. Frühere Berentung mit Abschlag, §§ 263, 36 SGB VI

Eine etwas geringere Versicherungszeit setzt die **Altersrente für langjährig Versicherte** voraus. Bereits mit 63 Jahren und Erfüllung der Wartezeit von 35 Jahren können Sie bei Nichtüberschreiten der Hinzuverdienstgrenze diese Altersrente erhalten.

Sie müssen dann allerdings Abschläge in Kauf nehmen. Für jeden vorgezogenen Monat vor der geltenden Altersgrenze beträgt das Minus 0,3 Prozent – also 3,6 Prozent pro Jahr.

WICHTIG: Diese **Rentenkürzung erfolgt dauerhaft**, d.h. auch mit dem Erreichen der Altersgrenze fällt die Kürzung nicht weg und führt nach dem Tod des Versicherten auch zu einer Kürzung der Hinterbliebenenrente.

Für die 35 Jahre Wartezeit zählen nicht nur die reinen Arbeitsjahre.

Berücksichtigt werden hierbei auch:

- Zeiten aus einem Versorgungsausgleich,
- das Rentensplitting unter Ehegatten oder eingetragenen Lebenspartnern,
- Minijobs,
- Berücksichtigungszeiten (zB wegen Kindererziehung) sowie
- weitere Anrechnungszeiten, das sind Lebensphasen, in denen Sie aus persönlichen Gründen keine Rentenbeiträge zahlen konnten; etwa wegen Krankheit, Schwangerschaft, Arbeitslosigkeit, Schulausbildung und Studium.

Sofern eine selbstständige Tätigkeit mehr als geringfügig ausgeübt wird, werden Berücksichtigungszeiten auf die Wartezeit von 35 Jahren nur angerechnet, soweit die Zeiten der Tätigkeit auch Pflichtbeitragszeiten sind.

Bei der Altersrente für besonders langjährig Versicherte und der Altersrente für langjährig Versicherte handelt es sich um zwei verschiedene Renten.

Bei der einen beträgt die Wartezeit 45 Jahre und bei der anderen 35 Jahre.

Die eine kann ohne Abschläge mit 63 Jahren und x Monaten gezahlt werden.

Bei der anderen wird die Altersgrenze für eine abschlagsfreie Rente seit dem Jahr 2014 stufenweise vom 65. auf den 67. Geburtstag angehoben. Sie kann aber mit Abschlägen bereits mit 63 Jahren beginnen.

Eine Besonderheit gibt es wieder für schwerbehinderten Menschen,

siehe nachfolgende

Tabelle 4

Geburtsjahr	Künftiger normaler Rentenbeginn (Jahr, Monat)	Vorzeitige Inanspruchnahme mit Abschlägen
1955	63 + 9	60 + 9
1956	63 + 10	60 + 10
1957	63 + 11	60 + 11
1958	64	61
1959	64 + 2	61 + 2
1960	64 + 4	61 + 4
1961	64 + 6	61 + 6
1962	64 + 8	61 + 8
1963	64 + 10	61 + 10
ab 1964	65	62

und

Tabelle 5

Vorgezogene Monate **vor der Regelaltersgrenze**	Dauerhafte Kürzung der Rente um
1 Monat	0,3 %
2 Monate	0,6 %
3 Monate	0,9 %
4 Monate	1,2 %
...	...
33 Monate	9,9 %
34 Monate	10,2 %
35 Monate	10,5 %
36 Monate	10,8 %

Es existieren zudem verschiedene **Vertrauensschutzregelungen**:

- Schwerbehinderte Menschen, die vor dem 01.01.1955 geboren sind, vor dem 01.01.2007 eine verbindliche Altersteilzeitregelung mit ihrem Arbeitgeber vereinbart haben und am 01.01.2007 schwerbehindert waren, können weiterhin mit 63 Jahren ohne Rentenabschläge oder ab 60 Jahren mit Abschlägen in Rente gehen.

- Das Gleiche gilt, wenn der schwerbehinderte Mensch vor dem 01.01.1964 geboren wurde, am 01.01.2007 schwerbehindert war und sog. Anpassungsgeld für entlassene Arbeitnehmer des Bergbaus bezogen hat.

IV. Flexibel in den Ruhestand

Evtl. können Sie sich auch vorstellen, Rente zu beziehen und trotzdem weiterzuarbeiten.

Das neue Gesetz zur Flexibilisierung des Übergangs vom Erwerbsleben in den Ruhestand und zur Stärkung von Prävention und Rehabilitation im Erwerbsleben (kurz: „Flexirentengesetz"), das bereits am 01.07.2017 in Kraft getreten ist, bietet seither ganz neue Möglichkeiten für den gleitenden Übergang zwischen Arbeitsleben und Rente.

1. Rente plus Gehalt

Bei der Option **Rente plus Gehalt** haben Sie als Rentner nun höhere Einnahmen. Sie bekommt ihre Rente und profitieren vom zusätzlichen Einkommen.

Wenn Sie wollen, zahlen Sie auch keine Rentenbeiträge mehr. Ihre Rente steigt dann allerdings durch die geleistete Mehrarbeit nicht mehr an.

2. Späterer Rentenbeginn

Beantragen Sie Ihre Rente **später als zum gesetzlichen Renteneintrittsalter**, fällt sie höher aus. Für jeden Monat, den sie länger arbeiten, steigt sie um 0,5 Prozentpunkte. Bei einem Eintritt zwölf Monate nach der regulären Frist bekommen Sie sechs Prozent mehr Rente. Das Plus ist sogar noch größer, da Sie ein weiteres Jahr Beiträge in die Rentenkasse eingezahlt haben.

3. Teilzeitbeschäftigung mit Rentenbezug

Rentner, die sich für eine **Teilzeitbeschäftigung mit Rentenbezug** entscheiden, müssen sich zudem jetzt weniger von ihren Einnahmen anrechnen lassen.

a.) ... vor Erreichen der Regelaltersgrenze

Seit dem 01.07.2017 gilt folgende Regel: Alle Altersrenten können Sie *schon vor Erreichen der Regelaltersgrenze* als Vollrente erhalten, sofern Sie im Kalenderjahr, also jeweils vom 1. Januar bis zum31. Dezember eines Jahres, nicht mehr als 6.300 € hinzuverdienen, §§ 34 Abs. 3a S. 2, 96a Abs. 1b S. 2 Nr. 2 SGB VI. Einkommen, das über der Grenze von 6.300 € jährlich liegt, wird zu 40 Prozent auf die Rente angerechnet. Der Verdienst in den einzelnen Monaten spielt dabei keine Rolle.

Es können zB zweimal im Monat 1.500 €, dreimal 1.000 € und einmal 300 € sein – macht einen Verdienst von 6.300 € in 6 Monaten. Der anrechnungsfreie Jahresbetrag ist damit allerdings ausgeschöpft.

BEISPIEL:

Ein 64-jähriger Angestellter bekommt eine vorgezogene Altersrente von 1.000 €. Von seinem bisherigen Arbeitgeber erhält er einen Zuverdienst von monatlich 1.525 €, also im Jahr 18.300 €. Von diesem Gehalt wird der Freibetrag von 6.300 € abgezogen. Es blieben also 12.000 €, ein Zwölftel hiervon beträgt 1.000 €. Davon werden 40 Prozent, also 400 €, auf seine vorgezogene Altersrente angerechnet. Seine monatliche Rente reduziert sich also auf einen Betrag von 600 €.

Insgesamt verfügt der sog. Flexirentner demnach über ein monatliches Einkommen von 2.125 € (= Erwerbseinkommen 1.525 € + vorgezogene Altersrente 600 €).

Es gibt allerdings noch eine zweite Obergrenze für den Hinzuverdienst. Dazu wird der höchste Wert des Bruttoverdienstes der letzten 15 Jahre herangezogen – der sog. **Hinzuverdienstdeckel.** Das bedeutet: Liegen gekürzte Rente und Hinzuverdienst zusammen über dem höchsten Einkommen der vergangenen 15 Jahre vor Rentenbeginn, wird dieser Mehrbetrag voll auf die Teilrente angerechnet.

Dazu überprüft die Rentenversicherung einmal im Jahr (im Folgejahr – meist zum 1. Juli) die tatsächlich erzielten Verdienste der sog. Flexirentner. Wird eine zu hohe Rentenzahlung festgestellt, muss sie ausgeglichen werden.

HINWEIS: Wenn Sie neben Ihrer vorgezogenen Altersrente eine Beschäftigung aufnehmen möchten, sollten Sie zuvor an die Auskunfts- und Beratungsstellen der Deutschen Rentenversicherung wenden.

Die kalenderjährliche Hinzuverdienstgrenze wird auch dann in voller Höhe zugrunde gelegt, wenn eine Rente unterjährig beginnt oder endet, eine Beschäftigung nur wenige Monate im Jahr ausgeübt wird oder die Regelaltersgrenze unterjährig erreicht wird. Auch bei einem zB unterjährigen Wechsel von einer Erwerbsminderungsrente in eine vorgezogene Altersrente wird für die jeweilige Rente die kalenderjährliche Hinzuverdienstgrenze in voller Höhe berücksichtigt. Der jeweiligen Rente werden die im entsprechenden Zeitraum erzielten Einkünfte gegenübergestellt. Der Hinzuverdienst wird dann ab Rentenbeginn, bis zum Wegfall der Rente, bis zum Erreichen der Regelaltersgrenze oder bis bzw. ab Beginn einer Folgerente berücksichtigt.

Sind Sie vor Erreichen der Regelaltersgrenze noch beschäftigt, zahlen Sie weiter Beiträge und erhöhen Ihre Altersrente für die Zeit nach Erreichen der Regelaltersgrenze.

b.) ... nach Erreichen der Regelaltersgrenze

Nach Erreichen der Regelaltersgrenze können Sie unbegrenzt hinzuverdienen und erhalten die Vollrente.

Altersrentner können aber auch eine Teilrente unabhängig vom Hinzuverdienst als festen Prozentsatz zwischen 10 Prozent und 99 Prozent der Vollrente wählen. Allerdings muss hierbei die Hinzuverdienstgrenze, die sich aus der Höhe der gewählten Teilrente ergibt, eingehalten werden.

HINWEIS:	Wenn Sie daneben eine Betriebsrente beziehen, sollten Sie sich unbedingt beim Träger Ihrer Betriebsrente erkundigen, ob sich der Bezug einer Teilrente auf die Höhe Ihrer Betriebsrente auswirkt, denn das Überschreiten der Hinzuverdienstgrenze und der damit verbundene Teilrentenbezug kann je nach Satzung zu einer Kürzung oder sogar zum Ruhen der Betriebsrente führen.

Arbeiten Sie nach Erreichen der Regelaltersgrenze weiter, können Sie beantragen, dass volle Beiträge gezahlt werden. Einmal im Jahr erhöht sich dann Ihre Rente um die von Ihnen und vom Arbeitgeber gezahlten Beiträge.

HINWEIS:	Die Möglichkeit des vorzeitigen oder verspäteten Rentenbezugs mit entsprechendem Abschlag oder Zuschlag und die Varianten Voll- oder Teilrente bieten Ihnen die Chance, je nach Gesundheitszustand, Leistungsvermögen, Arbeitsmarktlage und persönlichen Verhältnissen die Höhe und den Zeitpunkt des Rentenbezugs in gewissen Grenzen selbst zu bestimmen.

Sie sollten Ihren Antrag etwa 3 bis 4 Monate vor dem gewünschten Renten-beginn stellen.

Antragsformulare erhalten Sie bei den Rentenversicherungsträgern und den Stadt- und Gemeindeverwaltungen.

Wenn Sie die Rente später als 3 Monate nach Ablauf des Monats, in dem die Rentenvoraussetzungen erfüllt werden, beantragen, beginnen die Zahlungen erst im Monat der Antragstellung.

B. Der Weg in die Erwerbsminderungsrente, § 43 SGB VI

Die Erwerbsminderungsrente kommt ausschließlich dann für Sie in Betracht, wenn Sie noch nicht das reguläre Renteneintrittsalter erreicht haben und aufgrund Ihrer Erkrankung, eines Unfalls oder Behinderung nicht mehr oder nur noch eingeschränkt in der Lage sind, bis zum Erreichen des gesetzlichen Renteneintrittsalters einer Beschäftigung unter den üblichen Bedingungen des allgemeinen Arbeitsmarktes nachzugehen.

Anders als die gesetzliche Altersrente, auf die jeder Versicherte nach dem Erreichen der Altersgrenze einen Anspruch hat, handelt es sich bei der Erwerbsminderungsrente um eine Leistung, über deren Bewilligung **einzelfallbezogen** entschieden wird.

Grundlage ist das Gesetz zur Reform der Renten wegen verminderter Erwerbsfähigkeit. Damit wurden die frühere Berufsunfähigkeitsrente und Erwerbsunfähigkeitsrente ersetzt. Wenn ein Anspruch vor dem 01.01.2001 bestand, gelten die alten Regelungen unverändert weiter.

ANSPRUCHSVORAUSSETZUNGEN:

- Sie haben die Regelaltersgrenze für die Altersrente noch nicht erreicht.

- Ihre Erwerbsfähigkeit kann durch Rehabilitationsmaßnahmen nicht mehr hergestellt werden.

- Sie können generell nur noch weniger als 6 Stunden am Tag arbeiten.

  Bei einem Restleistungsvermögen auf dem allgemeinen Arbeitsmarkt von 6 Stunden am Tag und mehr wird keine Erwerbsminderungsrente gezahlt. Von diesen Versicherten wird erwartet, dass sie ihre Leistungsfähigkeit auf dem allgemeinen Arbeitsmarkt verwerten, um damit ihren Lebensunterhalt zu bestreiten. Finden Sie zB keinen Arbeitsplatz, fällt dies in den Risikobereich der Arbeitslosenversicherung. Erst bei einer wesentlichen Einbuße in der Erwerbsfähigkeit besteht eine rechtserhebliche Erwerbsminderung. Dazu später mehr.

- Sie sind seit mindestens 5 Jahren versichert (sog. Wartezeit = Mindestversicherungszeit) in der gesetzlichen Rentenversicherung.

  Dazu zählen:

  - Beitragszeiten, auch wenn Sie evtl. Krankengeld, Arbeitslosengeld I oder II bezogen haben, sich der Kindererziehung oder der häuslichen Pflege gewidmet haben oder vielleicht freiwillige Zahlungen geleistet haben

  - Ersatzzeiten, zB Zeiten des politisch bedingten Freiheitsentzugs

  - Versorgungsausgleich nach Scheidung

  - Zuschläge für 400-Euro-Jobs

  - Rentensplitting

- Innerhalb der letzten 5 Jahre Mitgliedschaft in der Rentenversicherung haben Sie mindestens 3 Jahre lang Pflichtbeitragszeiten zurückgelegt.

- Die Wartezeit kann auch weniger als 5 Jahre betragen,

  wenn ...

  - die Erwerbsminderung durch Arbeitsunfall oder Berufskrankheit auftritt und Sie zu diesem Zeitpunkt versicherungspflichtig sind oder in den letzten 2 Jahren wenigstens 12 Monate lang Pflichtbeiträge bezahlt haben

  - die Erwerbsminderung innerhalb von 6 Jahren nach Ihrer Ausbildung auftritt. In den letzten 2 Jahren haben Sie mindestens 12 Monate lang Pflichtbeiträge abgeführt

Für Versicherte, die vor dem 02.01.1961 geboren sind, besteht ein Rentenanspruch wegen teilweiser Erwerbsminderung bei Berufsunfähigkeit, wenn sie ihren bisherigen Beruf oder eine zumutbare Verweisungstätigkeit nur noch weniger als sechs Stunden täglich ausüben können.

Prozedere für Anerkennung der Erwerbsminderung:

➢ Antragstellung beim zuständigen Rentenversicherungsträger

➢ Prüfung der Erwerbsminderung anhand ärztlicher Unterlagen bzw. Gutachten. Geprüft wird zunächst, ob die Arbeitsfähigkeit des Antragstellers durch medizinische oder berufliche Reha-Maßnahmen doch wieder ganz oder teilweise hergestellt werden kann.

Diesen Grundsatz nennt man *„Reha vor Rente".*

Die Überprüfung erfolgt durch den Rentenversicherungsträger.

Ist es nicht möglich, durch eine Rehabilitations-Maßnahme die Arbeitsfähigkeit wiederherzustellen, wird geprüft, in welchem zeitlichen Um-
fang der Antragsteller noch arbeiten kann. Davon ausgehend wird
dann festgestellt, ob eine Rente wegen voller oder wegen teilweiser Erwerbsminderung in Frage kommt.

➢ Bescheid über Gewährung einer Erwerbsminderungsrente

1. Leistung: volle Erwerbsminderungsrente

Sie können auf nicht absehbare Zeit weniger als 3 Stunden pro Tag arbeiten.

2. Besonderheit: Arbeitsmarktrente

Die sog. **Arbeitsmarktrente** ist eine volle Erwerbsminderungsrente, die geleistet wird, wenn die Erwerbsminderung des Versicherten grds. nur teilweise
eingeschränkt ist, jedoch unter Berücksichtigung der Arbeitsmarktlage
keine Teilzeitbeschäftigung mehr möglich ist (Umkehrschlusss aus der Rege-
lung des § 43 Abs. 3 SGB VI).

Der Arbeitsmarkt gilt als verschlossen, wenn es weder der Arbeitsverwaltung
noch dem Rentenversicherungsträger gelingt, dem Versicherten einen ge-
eigneten Arbeitsplatz innerhalb eines Jahres ab Rentenantragstellung zu
vermitteln.

Bei der Arbeitsmarktrente handelt es sich – wie auch bei der vollen Erwerbsminderungsrente – um die volle Rente.

HINWEIS: Haben Sie Anspruch auf eine Arbeitsmarktrente, also auf die
volle Rente, und üben Sie eine abhängige Beschäftigung von
mindestens drei Stunden täglich aus, kommt keine Zahlung
der Arbeitsmarktrente in Frage.

Üben Sie Ihre Beschäftigung weniger als drei Stunden täglich
aus, ist das rentenunschädlich, der Hinzuverdienst kann aber
zu einer entsprechenden Rentenminderung führen.

3. Leistung: halbe Rente bei teilweiser Erwerbsminderung

➢ Wenn Sie zwischen 3 und 6 Stunden täglich arbeiten können, erfüllen Sie
die Voraussetzungen für eine teilweise Erwerbsminderung. Sie haben
Anspruch auf die Hälfte der Erwerbsminderungsrente.

➢ Die anteilige Erwerbsminderungsrente soll dann in Kombination mit einer
Teilzeitarbeit Ihren Lebensunterhalt sichern. Können Sie keinen Teilzeitar-

beitsplatz finden und Sie sind arbeitslos, kann die volle Erwerbsminderungsrente, als Arbeitsmarktrente bekannt, gewährt werden (s. Leistung: Arbeitsmarktrente).

- ➢ Versicherte, die vor dem 02. 01.1961 geboren sind, können bereits eine teilweise Erwerbsminderung geltend machen, wenn sie berufsunfähig sind, also nicht mehr im erlernten Beruf arbeiten können und keine adäquate Stelle bekommen, § 240 SGB VI. Versicherte, die nach dem 01.01.1961 geboren wurden, müssen dagegen auch einen weniger qualifizierten Job annehmen, bevor sie Anspruch auf Rente wegen Erwerbsminderung haben.

Auszahlungshöhe

Renten wegen voller Erwerbsminderung werden als Vollrenten geleistet und mit dem sog. Rentenartfaktor 1.0 berechnet, § 67 Nr. 3 SGB VI. Renten wegen teilweiser Erwerbsminderung werden in Höhe einer halben Vollrente erbracht (Rentenartfaktor 0,5), § 67 Nr. 2 SGB VI. Der Faktor bewirkt somit, dass Renten mit Lohn*ersatz*funktion (z. B. Altersrenten oder Renten wegen voller Erwerbsminderung) trotz der gleichen zugrundeliegenden Beitragsleistung höher sind als Renten mit Lohn*zuschuss*funktion (z. B. Renten wg. teilweiser Erwerbsminderung).

Die **Auszahlungshöhe** hängt von Ihrem bisherigen Einkommen, Ihren Versicherungsjahren und davon ab, ob Sie in den alten oder den neuen Bundesländern wohnen. Insoweit muss die **Berechnung individuell** erfolgen.

Zurechnungszeit

Ab 01.01. 2018 wird die „Zurechnungszeit" (§ 59 SGB VI) schrittweise um drei Jahre verlängert. Bisher wurde die Rente für Erwerbsgeminderte so berechnet, als hätten sie bis zum 62. Lebensjahr gearbeitet.

Von 2018 bis 2024 soll diese Zurechnungszeit schrittweise um drei Jahre verlängert werden – von 62 auf 65 Jahre, und zwar wie folgt:

2018 um 3 Kalendermonate, auf 62 Jahre und 3 Monate,

2019 um 6 Kalendermonate, auf 62 Jahre und 6 Monate,

2020 um 12 Kalendermonate, auf 63 Jahre,

2021 um 18 Kalendermonate, auf 63 Jahre und 6 Monate,

2022 um 24 Kalendermonate, auf 64 Jahre und

2023 um 30 Kalendermonate, auf 64 Jahre und 6 Monate.

Wer 2024 eine Erwerbsminderungsrente beantragt bekommt die Zurechnungszeit bis zum 65. Lebensjahr anerkannt.

Die „neue" Erwerbsminderungsrente gilt zudem nicht für diejenigen, die schon eine Erwerbsminderungsrente beziehen.

Neben der verlängerten Zurechnungszeit wird zudem eine sog. **Günstigerprüfung** durchgeführt: Bei der Berechnung, welches Einkommen in der Zurechnungszeit fortgeschrieben wird, bleiben die letzten vier Versicherungsjahre vor dem Eintritt der Erwerbsminderung unberücksichtigt, wenn sie negativ zu Buche schlagen würden. Diese Prüfung ist in erster Linie für solche Versicherte vorteilhaft, deren Einkommen bereits in den letzten Jahren vor der amtlich festgestellten Erwerbsminderung gesunken ist – etwa durch eine gesundheitsbedingte Verkürzung der Arbeitszeit, Krankheitsphasen oder den Wegfall von Überstunden. Der Rentenversicherungsträger nimmt sie von Amts wegen vor.

Im Schnitt beträgt die volle Erwerbsminderungsrente 30 - 34 Prozent des bisherigen Bruttoeinkommens. Bei der teilweisen Erwerbsminderungsrente ist es die Hälfte.

Abschläge

Die abschlagsfreie Erwerbsminderungsrente erhalten Sie 2018 erst mit Vollendung des 62. Lebensjahres, sofern eine Wartezeit (Beitragszeit) von mindestens 35 Jahren erfüllt ist (s. nachfolgende Tabelle 6).

Wenn Sie jünger sind, erfolgt für jeden Monat früherer Inanspruchnahme ein Abschlag von 0,3 Prozent oder maximal 10,8 Prozent.

Tabelle 6

Abschlagsfreie Inanspruchnahme der Erwerbsminderungsrente im Alter von ...		
Kalenderjahr	**Wartezeit unter 35 Jahren**	**Wartezeit ab 35 Jahren**
2017	63 + 11 Monate	61 + 11 Monate
2018	64 + 0 Monate	62 + 0 Monate
2019	64 + 2 Monate	62 + 2 Monate
2020	64 + 4 Monate	62 + 4 Monate

2021	64 + 6 Monate	62 + 6 Monate
2022	64 + 8 Monate	62 + 8 Monate
2023	64 + 10 Monate	62 + 10 Monate
ab 2024	65 + 0 Monate	63 + 0 Monate

Die Auszahlung erfolgt **grundsätzlich als Zeitrente**, d.h. sie wird nur für maximal 3 Jahre bewilligt.

Die **Befristung kann (ggf. mehrfach) wiederholt werden**. Wenn sich die Voraussetzungen für die Rente wegen verminderter Erwerbsfähigkeit nach neun Jahren nicht geändert haben, wird davon ausgegangen, dass die Erwerbsminderung nicht mehr behoben werden kann und die Rente geht in eine Dauerrente über.
Keine Befristung der Rente wegen Erwerbsminderung erfolgt, wenn die Erkrankung oder Behinderung, die für die Erwerbsminderung ursächlich ist, so schwer ist, dass von Anfang an mit keiner Besserung gerechnet werden kann (Prognose im Einzelfall).

Bei Vorliegen der Voraussetzungen wird die Erwerbsminderungsrente automatisch in eine Regelaltersrente umgewandelt.

Leistungen aus der Unfallversicherung mindern die Erwerbsminderungsrente.

Während des Bezugs der Rente wegen voller Erwerbsminderung sind Sie versicherungspflichtig in der Arbeitslosenversicherung.

Beginn der Erwerbsminderungsrente

Die Erwerbsminderungsrente wird vom Ersten des Kalendermonats an geleistet, zu dessen Beginn sämtliche Anspruchsvoraussetzungen für die Rente erfüllt sind, wenn der Rentenantrag innerhalb von drei Kalendermonaten nach Ablauf des Monats, in dem die Voraussetzungen erfüllt sind, gestellt wird. Ansonsten beginnt die Rente am Ersten des Antragsmonats.

Im Grundsatz gilt: Die Rente wegen verminderter Erwerbsfähigkeit wird vom Ersten des Kalendermonats an geleistet, zu dessen Beginn sämtliche Anspruchsvoraussetzungen für die Rente erfüllt sind, wenn der Rentenantrag innerhalb von drei Kalendermonaten nach Ablauf des Monats, in dem die Voraussetzungen erfüllt sind, gestellt wird. Ansonsten beginnt die Rente am Ersten des Antragsmonats.

Zeitlich befristete Renten beginnen allerdings nicht vor Beginn des siebten

Kalendermonats nach Eintritt der Erwerbsminderung.

4. Praxistipps

Achten Sie darauf, dass Sie zum Antrag aussagekräftige Gutachten von Fachärzten, der Krankenkasse oder Arbeitsagentur und Ihre Krankengeschichte beilegen. Sie erhöhen damit Ihre Chancen auf Bewilligung.

Legen Sie Widerspruch bei Ablehnung ein und klagen Sie eventuell.

Lassen Sie sich ggfs. anwaltlich vertreten und klagen Sie, wenn Sie Abschläge von Ihrer Erwerbsminderungsrente als nicht rechtens ansehen.

Klären Sie, ob es für Sie ggfs. sinnvoll ist, anstatt der Erwerbsminderungsrente die Altersrente mit bis zu 10,8 Prozent Rentenabschlägen vorzeitig zu erhalten.

Wird eine erneute Zahlung der Zeitrente nicht bewilligt, sollten Sie Arbeitslosengeld I beantragen.

Bei Hinzuverdienst durch eine Beschäftigung oder eine selbständige Tätigkeit sollten Sie sich vorher über Bedingungen und Hinzuverdienstgrenzen bei Ihrer Rentenversicherung informieren.

5. Erwerbsminderungsrente und Hinzuverdienst seit dem 1. Juli 2017

Versicherte mit Anspruch auf eine Erwerbsminderungsrente aus der Gesetzlichen Rentenversicherung müssen **Hinzuverdienstgrenzen** beachten.

Als Hinzuverdienst gelten das Arbeitsentgelt, das Arbeitseinkommen und ein vergleichbares Einkommen.

Als Renten wegen Erwerbsminderung, bei denen die Hinzuverdienstgrenzen beachtet werden müssen, gelten die

- Rente wegen voller Erwerbsminderung,
- Rente wegen teilweiser Erwerbsminderung und die
- Rente wegen teilweiser Erwerbsminderung bei Berufsunfähigkeit.

Hinzuverdienstgrenzen sind außerdem auch bei den Erwerbsunfähigkeits- und Berufsunfähigkeitsrenten zu beachten, also bei den Renten, die vor dem Jahr 2001 bewilligt wurden.

Wie auch bei den vorgezogenen Altersrenten kommt es **bei Überschreiten einer kalenderjährlichen Hinzuverdienstgrenze** zu einer **stufenlosen Anrechnung des Hinzuverdienstes.**

Die bisherigen starren Hinzuverdienstgrenzen für die Vollrente, 2/3 Rente, ½ Rente bzw. 1/3 Rente sind entfallen. Zuvor genügte es, diese Obergrenzen nur um einen Euro zu überschreiten, um drastische Renteneinbußen zu verursachen.

Zudem gibt es aufgrund der Neuregelungen **keine Unterscheidung** bei den **Hinzuverdienstgrenzen zwischen den alten und neuen Bundesländern** mehr, § 228a Abs. 2 SGB VI wurde aufgehoben.

- Bei den **Renten wegen voller Erwerbsminderung** darf ab dem 01.07.2017 ein Hinzuverdienst von 6.300,00 € kalenderjährlich erzielt werden.

  Es kommt nicht mehr auf eine regelmäßige Verteilung der Einkünfte auf die einzelnen Kalendermonate an, vgl. §§ 34 Abs. 2, 96a Abs. 1c S. 1 Nr. 2 SGB VI, für die Knappschaftsausgleichsleistung bestimmt das „Flexirentengesetz" nunmehr in 239 Abs. 3 S. 6 SGB VI: *„Anspruch auf eine Knappschaftsausgleichsleistung besteht nur, wenn die kalenderjährliche Hinzuverdienstgrenze von 6.300 EUR nicht überschritten wird."*

  Überschreitet Ihr Hinzuverdienst die kalenderjährliche Hinzuverdienstgrenze von 6.300,00 €, wird der übersteigende Betrag zu 40 Prozent auf Ihre Vollrente angerechnet, vgl. § 96a Abs. 1c S. 1 Nr. 1 SGB VI. Gleiches gilt bei den Renten für Bergleute, vgl. hierzu § 96a Abs. 1c S. 1 Nr. 3 SGB VI.

BEISPIEL:

Wer 7.300 € im Jahr hinzuverdient, überschreitet die Hinzuverdienstgrenze um 1.000 €. Ein Zwölftel hiervon beträgt: 83,33 €

40 % davon werden auf die Rente angerechnet: 33,33 €

Die monatliche Rente vermindert sich somit um 33,33 €.

WICHTIG: **Arbeiten Sie neben der Erwerbsminderungsrente, geht dies nur im Rahmen Ihres Restleistungsvermögens.** D. h. konkret, dass der Hinzuverdienst in einer Beschäftigung von unter 3 Stunden täglich bei Vorliegen einer vollen Erwerbsminderung (also nicht mehr als 15 Stunden in der Woche!) bzw. von unter 6 Stunden täglich bei Vorliegen einer teilweisen Erwerbsminderung erzielt werden darf. **Die Arbeitszeiten sollten Sie daher niemals überschreiten, weil dies zum Wegfall Ihres Rentenanspruchs führen kann.**

- Bei einer **Rente wegen teilweiser Erwerbsminderung** und einer **Rente wegen teilweiser Erwerbsminderung bei Berufsunfähigkeit** wird die jährliche Hinzuverdienstgrenze individuell berechnet. Sie orientiert sich – ganz vereinfacht gesagt – an Ihrem höchsten beitragspflichtigen Jahreseinkommen der letzten 15 Jahre.

Seit Juli 2017 beträgt die Hinzuverdienstgrenze nach § 96a Abs. 1c SGB VI das 0,81-fache der jährlichen Bezugsgröße***, vervielfältigt mit den Entgeltpunkten des Kalenderjahres mit den höchsten Entgeltpunkten der letzten 15 Kalenderjahre vor Eintritt der Erwerbsminderung. Mindestens werden in dieser Berechnungsformel 0,5 Entgeltpunkte herangezogen, so dass die **rentenunschädliche Hinzuverdienstgrenze im Jahr 2017 - ab Juli 2017** - (35.700,00 € [= jährliche Bezugsgröße 2017] x 0,81 x 0,5 Entgeltpunkte) **14.458,50 €** betrug **und in 2018** [Bezugsgröße: 36.540 €] x 0,81 x 0,5 Entgeltpunkte) **14.798,70 €** beträgt.

*** Die Bezugsgröße ist definiert als das Durchschnittsentgelt der gesetzlichen Rentenversicherung im vorvergangenen Kalenderjahr

Wie bei den vorgezogenen Altersrenten ist jedoch auch bei den Erwerbsminderungsrenten der Hinzuverdienstdeckel zu beachten.

Dieser wird anhand der höchsten Entgeltpunktzahl, die vom Rentner in den letzten 15 Jahren erreicht wurde, ermittelt.

Übersteigt die Summe aus Rente und Hinzuverdienst den Hinzuverdienstdeckel, so wird der übersteigende Betrag zu 100 Prozent auf die verbliebene Teilrente angerechnet. Damit wird gewährleistet, dass die Rente und der Hinzuverdienst zusammen nicht das bisherige Einkommen überschreiten. Im Ergebnis kann dadurch die Rente vollständig entfallen.

Der Hinzuverdienstdeckel wird jährlich zum 1. Juli neu berechnet.

BEISPIEL:

Ein ehemaliger Tischler erzielt als Teilerwerbsminderungsrentner als Kurierfahrer für Botendienste ein monatliches Entgelt iHv. 800 €. Zum Ende seiner beruflichen Tätigkeit als Tischler bezog er in der Spitze im Jahr rund 28.800 € brutto (2.400 €/Monat). Seine individuelle Hinzuverdienstgrenze liegt bei 23.328 € (81 Prozent von 28.800 €). Das Jahreseinkommen des Mannes für die Botenfahrten: 9.600 €. Anrechnung im Ergebnis: 0 €.

HINWEIS: Lassen sich Ihre persönliche Hinzuverdienstgrenze von Ihrem Rentenversicherungsträger berechnen!

Der **Hinzuverdienst wird rückwirkend einmal im Jahr überprüft.**

Bei Renten wegen Berufs- oder Erwerbsunfähigkeit, also Renten, die nach dem bis zum 31.12. 2000 geltenden Rentenrecht bewilligt wurden, sind ebenfalls Hinzuverdienstgrenzen zu beachten.

- Aufgrund des sog. Flexirentengesetzes gelten die Renten wegen Erwerbsunfähigkeit, auf die am 31.12.2000 ein Anspruch bestand, als „Rente wegen voller Erwerbsminderung".

- Die Renten wegen Berufsunfähigkeit, auf die am 31.12.2000 ein Anspruch bestand, gelten dann als „Rente wegen teilweiser Erwerbsminderung", § 302b SGB VI.

Demzufolge sind auch bei der bisherigen Erwerbsunfähigkeits- und Berufsunfähigkeitsrente ab dem 01.07.2017 die Hinzuverdienstgrenzen maßgebend, welche für die Rente wegen voller bzw. teilweiser Erwerbsminderung gelten.

Sie sind auf der Suche nach weitergehenden Informationen?

Auskünfte und Beratungsstellen vor Ort vermitteln die Rentenversicherungsträger, welche auch individuelle Rentenberechnungen vornehmen. Sie informieren kostenlos über die Zugangsbedingungen. Gemeinsam können Sie ermitteln, für welche Altersrente Sie persönlich die Voraussetzungen erfüllen. Die Agenturen für Arbeit beraten ebenfalls.

Kostenlose Infotelefonnummern des Bundesministeriums für Arbeit und Soziales, Mo-Do, 8:00 – 20:00 Uhr:

- zur Rente: 030 221911-001

- zur Altersteilzeit: 030 221911-005

Wertvolle Informationen finden Sie zudem auf der Homepage: **deutsche-rentenversicherung.de**. Dort finden Sie u. a. Broschüren, Formulare & Anträge und einen Hinzuverdienstrechner, mit dem Sie nach Vorgabe des erwarteten jährlichen Hinzuverdienstes Ihre zustehende monatliche Versichertenrente ermitteln können.

Ergänzend dazu bietet Ihnen die Deutsche Rentenversicherung weitere Veröffentlichungen an, zB Kommentare zu einzelnen Teilen des Sozialgesetzbuchs sowie zu ausgewählten Einzelthemen. In den Kommentaren werden anhand von Erläuterungen und Beispiele die entsprechenden Gesetzestexte erörtert.

Zusätzlich können Sie dort Gesetzestexte aller Sozialgesetzbücher und weiterer Gesetze erhalten.

Raum für eigene Notizen: